JN440171

꽃잠을 들키다

이순애 시집

문학의전당 시인선
0275

꽃잠을 들키다

이순애 시집

문학의전당

시를 쓰는 내 조카 순애에게

돈이 신의 자리를 밀어낸 시대에 네가 공을 들여서
돈 안 되는 시를 쓰고 있다니 그것은 이미 축복이다
민낯의 직설이 아니라 비유로,
비유 중에서도 은유로,
너 혼자만의 눈물겹고 은은한 노랫가락으로
시의 그릇에 네 마음을 담고 있다니,
해가 떴다가 질 때까지 줄곧 주머니를 채우는 일에만
몹시 바쁜 사람들에 비한다면 그 얼마나 고고한가
세상의 한가운데서 너는 마치 어린아이같이
티 없이 살면서
매미처럼 목청 높여 온몸으로 꿈을 노래하고 있다니,
너야말로 왕보다 행복한 사람이다
그러니 혹시 길을 가다가 돌부리에 걸려서 넘어져도
울지 마라
네가 땅을 짚는 그 순간에도 멋진 시 한 편이 우연히
번개처럼 네 앞에 떠오를 수 있는 법이니까
모래가 할퀸 조갯살의 상처에서 진주가 돋아나듯이

2017년 초겨울날
외삼촌 양성우(시인)

시인의 말

가슴에 그리움을 걸어두게 한 계절이었다.

빛과 그늘의 경계에서 삶이 힘들다고 매달릴 때
잎 넓은 나무가 되고 아늑한 바람이 되어준
속 깊은 마음들을 양지 뜸에 길어 올린다.

준비 없는 사랑을 하고 준비 못한 이별을 아쉬워했다.

철없는 아내를, 엄마를, 배려해준
숨 같은 가족들은 내겐 늘 뜨거운 스승이었다.

계절은 또 꿈처럼 지나가리라.
이젠, 깃털처럼 가벼워진 사랑을 하고 싶다.

2017년 11월
이순애

차례

제2부

제3부

제4부

제1부

말 없는 것들의 위로

가을엔
그리워하진 않으렵니다
가을엔
소리 없이
그냥 더 붉어지렵니다

꽃 진 자리에 서면
찬 서리도 웃음처럼 환해서
가슴에 등불 하나 돋을 때까지
말없이 곁이 되어준

차마, 그리워하지 않겠단
붉은 마음을
가을, 당신은 아시는지요

꽃과 잎이 둥그러질 때

꽃보다 잎이 이슬처럼 주렁거린 계절입니다

잎과 꽃 사이에 가만히 헤아림을 해봅니다

꽃의 색감이 아름다운 건 푸르게 둥글게 지켜주는

줄기 곧은 잎사귀 때문일 테지요

사람들은 잎사귀는 두고 꽃의 향기만 좇아갑니다

상처 많은 꽃잎은 더 깊은 향기를 뿜어내겠죠

잎과 꽃 사이에서 또 무수히 흔들립니다

저는 이제 잎도 꽃도 아닌 낮은 곳에 침묵하는

그늘을 짜는 나무가 되어 갑니다

훗날 토담집 아궁이에 뜨겁게 피어올라

둥그런 밥상에 허기를 채우며

알몸 같은 뿌리로 빈 가지에 언어를 무성하게 달겠지요

그래서 자꾸만 둥그러집니다

그래서 자꾸만 잎이 넓어집니다

詩, 당신을 만나는 동안

몸도 마음도 함께 있어야 한다네
몸이 떨어지면 마음도 떠나간다 하네
아직은 사랑하는 일이 익숙하지 않은데
사람들은 부대끼며 사랑하라 하네
따뜻한 눈물은 절벽처럼 차갑게
때로는 슬픔도 기쁨도 거역하면서
뜨거운 침묵으로 동침하라 하네
오늘밤은 한 잔의 은유를 따라주려네
관습의 옷을 훌훌 벗고 다가서려네

빙점

가슴에 달집 하나 세 들어 살았다
세 든 날짜가 잊힐 것 같아 달집의 전화 앞 번호를
세 가지 목록을 위한 비밀번호로 묶었다

작년 같은 가을밤 달집은 기어이 가슴에서 뛰쳐나와
그림자처럼 입술을 통과하기 시작했다
그렇게 천둥처럼 살다가 유통기한이 닳은 날
달집은 가슴 끝 북쪽으로 표류해 갔다

은밀하게 면밀한 번호는 그대로 사용했다
염문을 빌미로 뜨거웠던 사계를 무장한 채
수런거린 눈빛은 묻어야 비밀답다고,

눈꺼풀 떨며 함부로 말할 순 없었을 텐데
공손하게 간절한 상처 난 계절은 감췄었다고

꽃잠을 들키다

진한 에스프레소를 앵도라진 찻잔에 담아
탁자에 다소곳이 갖다 놓았다
책들이 많은 걸 보니 북카페인가요?
시화도 걸려 있고, 작가이신가 봐요
아, 네…… 그냥 글쓰기를 좋아해서요,
목소리가 라일락 향처럼 동글동글 퍼진다
은백의 머리카락을 풍성히 달고 있는 남자는
중후한 표정으로 핑퐁처럼 얘길 던진다
처음 본 얼굴인데 왠지 낯설지 않는 눈빛이다
이윽고 난, 한껏 우아한 자태로 그의 은근한
눈길을 받으며 맞은편 의자를 끌어당겼다
나긋나긋한 음률이 아이스크림처럼 녹아 흐르고
어느새 유연해진 나의 골반은 사뿐 뛰어올라
발뒤꿈치를 들어 올려 왈츠를 춘다
갑자기 음악이 숨 가쁘게 돌아간다
'할머니, 할머니! 천 원짜리 아이스크림 한 개 주세요!'
희번득 눈을 떴다
초등학교 삼사학년쯤 돼 보이는 두 녀석이

불손한 내 춘몽을 여지없이 박살낸다
계산대 뮤직 박스에선 '버스커 버스커'가
한여름 소낙비처럼 웡웡 쏟아지고
창가에 못난이 인형이 하마 같은 입을
더 크게 벌리며 깔깔 웃고 있다

달콤한, 슬픈 관계

살빛이 칠흑처럼 검게 빛났다
매끈한 몸매를 탐색한 후 불빛 아래 눕힌다
의연한 자태는 한 치의 흐트러짐이 없다
흠모하는 눈빛들은 촉수를 세우며 바라본다

이제 그녀는 영원한 동면에 들어갔다
체념한 듯 껌벅이던 동그란 눈이 푸르게 감는다
전생의 무슨 사무친 인연일까
네가 죽어야…… 내가 사는 이유……
죽어야, 살아있는 창자가 행복하다는

지중해 불빛이 아가미를 염한다
낭창거린 광어의 조각난 살점들이
살아있는 붉은 아가미 속으로
서서히 뜨겁게 사라졌다

슬픈 자유

가끔, 나는 새가 되고 싶다
월식에서 벗어난 달같이 하늘을 푸르게 날고 싶다
만약에 사람이 날개가 돋아 새처럼 날아오르면
세상은 어떻게 바뀌질까
피안의 무게로 더 낮게 추락하는 되돌이표가 될까
물가에도 나뭇가지에도 새들은 쉴 곳을 찾아
경계의 발을 뻗어 외롭고 고독할 땐 몸을 섞는다
고요가 떠다니는 바위처럼 검은 밤
곡선을 이루며 비상하는 뜨거운 노래를 들어봤는가
부러진 상처를 동여주는 잎 넓은 마음을 가져봤는가
오늘도 난, 침묵하는 필력의 새가 되고 싶어
수두룩이 날아오른 가시나무새 슬픈 자유를
지금, 은밀히 키우는 중이다

밤꽃 향기에 그녀가 빠졌다

주근깨가 봄꽃처럼 아롱거린 그녀의 눈 밑에
언제부턴가 분가루가 유난히 수북했다
언제나 강의가 시작된 후에야
헐레벌떡 들어와 옆에 앉는 그녀
그녀에게선 여전히 밤꽃 냄새가 출렁거렸다
어느 초여름 보성휴게소 주차장에서
한달음 밀려오는 밤꽃 향기에 정신이 아득해졌다
참새처럼 종종걸음을 풀어놓는
눈물같이 익숙한 그녀의 향기였다
평등함도 예의도 없는 시간들이 무심타며
애꿎은 유리창을 빡빡 닦던
그녀 집 말간 유리창 너머로 그녈 훔쳐보려다
부딪쳐 떨어진 검은머리들이 수없이 많았다
계절을 넘나드는 고추잠자리도 달려들다 타박상을 입었고
건들거린 샛바람도 그녈 엿보려다
여지없이 부서져 내려앉았다
이젠 유리창 닦는 일은 그만 두겠다고 한다
아득해질 밤나무도 한 그루 생겼다며 봄꽃처럼 환하다

밤꽃은 흐드러지는데 밤꽃 향기 출렁이며
옆자리에 다가앉는
불그레 젖은 그녀의 눈웃음이 나를 건든다

이젠 널 원해!

눈매에 잔주름이 가난했을 땐
니 옆에 다가설 용기 없었어
수선화의 의미를 알고 난 후부터
감춰둔 노란 웃음 들킨 것 같아
니 앞에선 벙어리 냉가슴 앓았지
짊어진 짐이 버겁다는 이유로
허기를 채워주는 안일함에게
노래도 불렀고 꿈도 팔았어
먼 길 떠난 친구의 슬픔 삭힐 땐
부질없는 존재라고 외면했었지
가슴 끝에 앉은
익숙해진 편견과 궁핍을 밀어내며
여전히 존재의 이유를 던져놓았다
그래, 이젠 맨살로 너에게 다가설게
종달새가 되어가는 남편의 어깨가 질척거리고
친구가 뛰어와 양지 뜸 색칠해도
이젠, 전부가 되어버린
나의 은밀하고 온유하고 겸손해진 시(詩)여

아직, 설렘이 남아 있었나요

종일 밥을 안 먹어도 배고프지 않은 적 있었나요
기다림 하나만으로 깃털같이 날아오른
어처구니없는 상상을 해보셨나요
바닥 깊은 항아리 뽀글뽀글 동그라미 동동 띄운 막걸리처럼
걸쭉한 목소리가 봄밤을 흔듭니다
인연의 끈을 짜 늘이지 못한 미련한 천사를 보았습니다
아직, 설렘이 남아 있다니요
혹시 가난한 젊음이 미안해 도요새처럼 눈빛이 냉정해
낯익은 골목을 벗어났다 해도
붉어진 심장을 기만하진 않으렵니다
봄비처럼 초연히 찾아온 은밀한 웃음소리에
기쁜 귀머거리가 되겠습니다
불나방처럼 뜨거운 눈빛에 기꺼운 촛농으로 남을 거예요
아직은 그저, 설레고 싶습니다
그러면 안 되나요?

속울음을 사냥하다

한낮의 풍경을 독식하던 당신 때문에

불면의 밤을 무수히 보듬고 뒹굴었어요

오늘 아침 그윽한 산들바람이

해오라기처럼 겸손한 묵상을 하는군요

젊은 날 추억의 뼈들이 서서히 일어나

반생이 지난 후에 바다를 만났어요

흙먼지 일어나는 길목을 뜨겁게 걸어야

설익은 문장의 용기를 배울까요

아껴둔 불씨를 태우려면 심지를 돋울게요

소나기처럼 달려와 온몸 젖게 하고

속울음 차오른 가을 당신

기어이 맨발로 사냥을 해야겠어요

몽환의 숲

청정한 오월의 산야는
초야를 기다리는 아낙이 되고

가뭇없이 해실거린 숲의 향기는
본능을 떠난 한 폭의 수채화

불현듯 난,
파스텔 톤으로 단장을 하고

눈물처럼 주렁거린 아카시아꽃
하얀 꽃등 아래 서 있네

초록을 풀어놓은 몽환의 풍경 너머
풀꽃 향 입맞춤이 그때처럼 다가선다

아! 은밀한 뜨거움이다

가을 소묘

가을은
가슴에 숨 막힌 그리움을 걸어두게 합니다
연짓빛 스무 살엔 그리움보담
설렘이 먼저 달렸고

불온했던 두 번째 스무 살은
붉은 아궁이에 고단한 땔감이 되어
푸슷푸슷 밥 익어 가는 소리에
안도했습니다

세 번째 스무 살이 된 후에야
뛰던 새벽을 늦추고
닳은 신발 끝을 보았습니다

아득히 봉긋, 거린 기우뚱들이
여물어진 계절 속으로 파닥이며 걸어옵니다
가을은 모두가 사랑 아닌 것이 없습니다

봄꽃이 필 때면 니 생각이 나

살면서 아름다운 한때를
화양연화라고 했다
여우비처럼 짧은 찰나의 푸르름을
치열하게 좇아가며 오열했던 빛의 고리

숲이 늪인 줄 늪이 숲인 줄
그늘의 순간이 황홀해
딱따구리가 옆구리를 쪼아도 좋았던
끌림의 향연

달빛 잠든 뒤안 샘터
마중물 길어 올려 차랑차랑 채워놓고
위기 없는 삶이 없겠느냐며
살구꽃 붉은 길목에서
맨발처럼 뜨겁던

가시나무새가 그리운
겨울 같은 봄이

무지개 원리 속으로
젖은 풀잎들을 깊숙이 껴안는다

붓끝의 곡선

차마
가슴이 골다공증이라고 말을 못합니다
패이고 데인 상처에 자꾸 앙금이 내려앉습니다
산이 좋아 산을 바라보다가 길을 잃었습니다
강이 좋아 강물을 보려다 물도 잃었습니다
악어들이 입을 쩍쩍 벌리고 달려듭니다
꼬들꼬들 절여진 언어들은
강물의 끝에서 눈을 치켜뜹니다

어느 결에 뿌리 깊은 나무들이
줄기 곧은 잎사귀를 안겨줍니다
찢기고 젖어 너덜거린 시(詩)의 속살들이
생소금같이 눈부십니다
침묵한 열정은 만개한 가을에게
한 잔의 술을 권합니다
대작하는 술잔에 산이 출렁입니다
흔들린 붓끝의 곡선이
빛의 고리를 촘촘히 엮어 갑니다

낭만 스케치

익숙한 어둠 붉게 흔들리던 날
버선 끝 치맛자락 사붓거리듯
은빛 억새 바람 탄 금강의 끄트머리

눈가에 모여든 정념의 젊은 날
더운 미소 살포시 떡갈나무 붉게 하고
영산포구 물비늘에 한잔 술 대작했네

마주한 은밀함에 들킬까 읊조린 맘
갯갈매기 끼륵끼륵 춤사위 속으로
구름도 둥개둥개 낮달 안고 내통하는

시샘 많은 배롱꽃도 아득히 비껴선
아, 몸의 탈 벗어던진
달 하나 품어버린 가을 스케치

물들어지다

석류 알처럼 가을볕 쏟아지는 오후
박물관 앞에 기타 치며 노래하는
청아한 스님의 목소리가 귀청을 연다

절실한 스님의 노랫가락에
백암산 단풍이 더 붉었을까
후두둑 한 움큼 따 신명나게 쥐어짜면
붉디붉은 와인 한 잔 가득하겠다

어머니 가슴 같은 붉은 가을아
우리 함께 손잡고 오래 머물자
먼 훗날 곱게 물든 당신의 노래
기억처럼 다시 꺼내 들을 수 있게

제2부

청년, 사제가 되다

소년은 엄마가 감기로 누워 계실 때
뜨거워진 엄마의 이마를 식혀준다며
한겨울 시린 바람벽에 손을 대고 있다가
눈같이 차가워진 고사리 손을
엄마 이마에 자꾸 가져다 얹었다
"울 막내가 시원하게 해줘서 금방 나았구나" 하시며
박꽃처럼 환하게 웃으시던 엄마의 모습을 떠올리며
어렵고 힘든 시간들을 이겨냈다는,
사제 서품 받은 후 첫 미사에 들려준 서른 즈음 청년 요셉 신부님의 눈꽃 같은 이야기가 머리에 앉아 녹는다

살아온 날들을 지탱케 한 가난한 용기를 모은다
수많은 세상의 언어들도 새끼줄에 묵주처럼 엮는다
푸른 청년 하나 뛰어와 가슴에 말간 풍경 짓는다
아, 우리가 도달할 수 없는 스킨다비스의 대륙
청빈 정결 순명을 지켜가는 서원의 시(詩)
'와서 아침을 먹어라.'*

---

*김용민 요셉 신부님의 사제서품 성구.

아픈 사월이 언어(言語)를 이별할 때

사월아! 부디 잘 떠나가거라

처연한 꽃잎들 불온한 땅에 누이고

미련 없이 사뿐한 썰물이 되거라

뜨거운 연둣빛 당차게 일어나

명치끝에 밀물로 천둥처럼 달려온다

붉디붉은 오월이 운명 앞에 휩쓸릴 때도

사월, 너처럼 푸른 적막을 건너서

봄눈같이 사라져도 우린 기억할 것이다

이룰 수 없는 꿈인 줄 알면서

수척한 밤길에 무수한 물방울처럼

붉게 탄 마음에서 피어나거라

평생을 살아도 허다하게 박힐 가시와

푸르게 몸살을 앓는 은유(隱喩)처럼

사월아!

노랑나비처럼 훠어 훨 날아가거라

소년은 위대한 청년을 꿈꾼다

붉은 입술을 가진 소년이여
그대는 불멸의 희망이라네
부풀어 부식된 불온한 삶들이
땅에 엎드리며 궤도를 이탈할 때
의연하게 소년은 촛불을 밝혔다

계절 지나 소년은 청년이 되고
고래도 들어 올릴 심장을 저축하며
부끄러운 고요를 투명으로 읽게 했다
울창한 숲을 가진 그대가 호흡인 것을
그대의 절실한 날카로운 경계에
그윽이 경청하는 성한 귀가 되려네
미련함을 비워내 그대를 채우겠네

소년의 페이지를 기억하는 맑은 청년이여
실패도 성공도 담대한 가슴이 시키는 일
멀리 높이 푸른 우주로 우뚝 설
무한한 사유의 혼들이여!

붉은 가을은 심장을 흔든다

들국화 화사한 날 나의 남루함 앞에
풍요한 언어로 길을 내며 가을이 그윽이 왔다
축복처럼 쏟아진 햇살과 낭창거린 바람은
한 장 낙엽으로 가슴에 앉았다

비극보다 더 슬픈 몸짓에
낙엽 앓이로 밤을 염려케 한 가을은
차갑게 휘청이며 서러운 바람을 몰고 와
뜨거운 울음을 섞었다

문장 속 씨앗들은 맨발로 빈 밭을 달려
사위어진 그리움은 가슴에서 익어가고
더 이상 꽃을 밀어내지 못하는 배롱나무에 앉아
가을은 빛의 고리를 품는다

위대한 것은 오직 침묵한 사랑이라며
붉디붉은 절정을 보듬는다

듣고 있니!

2014년 4월 16일 아침
처절한 구조의 손을 잡으려는 통한의 절규!
아저씨! 로프를 던져요!
포기하면 안 돼요! 우리들 여기 다 있어요!

잔인한 사월의 병풍도는 시퍼렇게 흔들거렸다
밤새워 꿈을 풀며 새벽을 달려가던 수학여행
탐라의 푸른 초원을 넘나들 무성한 너희가 아니었더냐
무책임한 세상이 시키는 대로 따르던 정직한 아들딸들아!
일어나 해처럼 솟아 오르거라
차갑게 시린 난파선 어둠에서 어서 헤쳐 나오거라

세상 속 검은 비정함이 그 깊은 심해 속에 고귀한 꿈들을 가뒀구나
총명한 너희들 판단을 주저앉히고 말았구나
미안해! 정말 미안해!
너희는 우리의 꿈이며 호흡이었어!
어서 일어나 사랑하는 가족들 품으로 꿈같이 오렴

온 세상 절규를 지금 듣고 있니!
땅 위의 심장 뛰는 소리 함께 나누자꾸나
별처럼 고운 귀하고 귀한 숨 같은 우리 아들딸들아!

* 세월호 여객선 침몰로 별처럼 스러진 푸른 영혼들의 안식을 빌며.

수능시험 보던 날

담담하려고 했었지만 긴장감이 가슴을 압박했다
'모를 땐 문제 속에서 답을 찾아 쓰시오
노소녀엄마'
아침 일찍 차를 태워주며 아들 녀석이 당부한다
그래, 수학은 찍을 수밖엔 도리가 없겠지
교문 앞에는 저마다 격려와 응원으로 사람들은
북적대고 난, 조심스레 그 인파 속을 뚫고서
고사장을 찾아 뛰었다
안내하는 젊은 여선생에게 몇 번 교실이냐고 묻자
수험생이세요? 의아스런 표정으로 안내를 한다
조금은 부끄럽고 쑥스러웠지만 작은 목소리로
대답을 던지고 교실에 들어섰다
교실 안엔 어린 십대들의 눈망울이 번뜩였다
오히려 긴장감보다 한결 맘이 여유로웠다
시험 감독관 선생의 시선이 가끔씩 따끔거렸지만
매시간 십여 분 전에 답안지를 작성했다
물론 공식 복잡한 수학문제는 아들 말처럼 찍었다
십대들 속에 섞여서 수능이란 위력 앞에 분투해본

아~ 평생에 한번쯤은 체험해볼 만한
2010년 11월 18일 수능시험에 도전한 날이다

아시나요

비가 오면 왜, 눈물이 날까요

기억하나요 바람 부는 강변에서
함께 나눈 답 없는 얘기들
가슴에 묻어둔 채
사랑이란 이유 만들지 말자던

이별을 예감했나요
지는 별빛 주우며
아픈 사랑 지우기 힘들다는 것을

덧칠한 인연으로 오지 말기를
작별하던 날 당신 두 눈에
그리움 글썽이며 하얗게 보낼
길 위에 한 줄 시(詩)로 남아 있기를

꺾어지는 이유

갯바람 불어오는 강가로 간다
그대 한결같은 거친 손이 뜨겁다
몸짓에 배어나온 서걱이는 연가
빌미로 벌이는 헤픈 유혹들
붉게 물든 음률을 바람칼로 다독인다

갈대들 묵묵한 흔들림에
끈질긴 뿌리의 지조를 배워본다
투박한 미소 박하처럼 환해서
소슬바람도 숨은 가난한 햇살 뒤로
고뇌와 환희가 입맞춤하는
사랑 앞엔 갈대도 꺾일 수 있다

바닥에도 하늘이 있습니다

얼음조각이 흐르는 냇물에게 바닥이라고 조롱을 합니다
뿌리도 없는 무성한 꽃잎을 날리며 호기와 교태를 부리는 화려함이
유리가면처럼 미끄럽습니다
금방이라도 부서질 것 같아 안타깝습니다

우린 늘 새로움을 지향합니다
한때 유용하게 옆에 두고 단물나게 지낸 소중했던 기억마저
낡아지면 버립니다
젊음이 풍요하다고 아름다운 향기가 뿜어나진 않습니다
노트르담의 꼽추처럼 모습은 삐뚤거려도 심연의 맑은 영혼이 살아 숨 쉬면
봉오리가 맺히고 향기로 피어납니다

바닥에 떨어진 낡은 햇살을 고요히 받들며 귀를 열어준 바닥을 봅니다
닳아서 질척거린 신발 끝을 다독입니다
"내 바닥을 밟고 걸어요, 더 이상 상처가 생기지 않아요"

주름진 발자욱에 별이 초롱입니다
겸허히 무욕(無慾)의 등불을 켜며 어둠을 비춰줍니다
바닥은 따뜻한 시선의 하늘입니다

창의 절정을 닦으며

흔들거린 햇살에 창밖을 볼 수 없다

빡빡 문질러 숨겨둔 정념들을 닦는다

요염한 감언이설로 눈빛을 흐리게 한

허둥대던 때들이 등을 돌리며

목숨을 건 아스라한 낙하를 한다

산허리에 흰 구름이 내려앉아

종일 누군가를 부른다

고추잠자리 날개는 분주해지고

엉덩방아를 찧던 잠자리가

둥그런 미소를 남긴 채

어디론가 모습을 감춘다

뽀드득한 흰 눈의 절정이다

원초적 기도

구름양산을 펼쳐 든 주름진 웃음들이 인의산 무룡동 밭둑 옆 교회당에 흙 묻은 신발들을 듬성듬성 눕힌다 교회당 안은 여름 향기로 가득 차 단상 위 성경책은 심오한 눈빛인데 성가대 구성원은 찬송가 부른 사람, 그 옆엔 피아노 반주하는 여인, 뒤쪽에 드럼 소린 표정이 없고 세 사람만 유일하게 꿋꿋하다 열두 명 할아버지 할머니는 노랗게 준비된 이별연습을 배운다

붉어진 햇살은 통째로 열어젖힌 창 너머 배롱나무 아래 기웃거린다 젊음이 바닥난 선풍기 날개는 등이 휜 기력에게 쉬엄쉬엄 떠밀려 낫낫한 바람을 공평하게 배급한다 오래전 익어버린 귀청들을 뚫으며 한껏 목청을 돋아내는 열정이 뜨겁다 순도 높은 설교는 시편 칠장 위에 눈물처럼 숙연하다 이마 위에 조율 못한 땀방울은 강대 상 얼음 담은 수건에 연신 숨는다

한 달 전 열 남매 가정인 김 집사님 생신예배가 있었으며
오늘은 아홉 남매 가정인 이 집사님 생신축하 예배라며

종종걸음 달리는 넉넉한 몸매의 행복 배달 전도사님
가족 특송 있다며 아홉 남매 이름을 언급해 기도한다
양 권사 어머님이 지정한 '사철에 봄바람 불어 잇고'를
합창대회 하듯 아홉 개 입들이 착하게 부른다

생활관에 신도들 수보다 더 많은 아홉 남매 가족들
녹두를 넣어 끓인 닭죽이 은근히 게미지다
소소하고 우렁찬 기도가 다시 이어진다
주님, 이 집사님 생신을 맞이해서 함께한 성도들 그리고,
먼 곳에서 모인 양 권사님 자녀들에게 건강 축복 주시오며
매일매일 아홉 자녀들의 기쁜 소식만 들을 수 있게
사랑의 은총을 이 집사님 가정에 내려주시옵소서!

저토록 푸르게 거침없는 원초적 기도를
살면서 나는, 몇 번이나 간절함으로 두 손 모았을까
누군가 한마디 불쑥 목소릴 높인다
'중고 에어컨이라도 하나 구입해 교회당에 놔 드립시다!'

마늘의 성사

낙엽처럼 바스락한 까칠한 겉모습
그 누구도 가질 수 없는 아찔한 향기에
모두들 함께 있기를 꺼려하지만
버리지 못한 그대들 욕망의 향기가
지독한 줄 모르고 살아간다네

하지만, 그대들은 나를 배신할 수 없네
다반사 내가 있어 성사가 이뤄졌네
손톱 아리게 내 옷을 벗겨내어
매끈하고 뽀얀 몸매가 드러나면
지위나 인격은 어느새 실종되고
서로들 입을 벌려 탐닉하곤 했었지

호화로운 나랏님 수라상에도
일터에서 돌아온 소박한 밥상에도
오묘하고 알싸한 야릇함을

찰나의 백 미터 전

—목련꽃 아래서 깜빡 졸다

플랫폼 한비짝에 순간 그 사람 모습이 사람들 속에 비췄다
너무 반가워 그에게 가고 싶은데 발걸음이 움직이질 않고
먼발치에서 그 사람도 무슨 일을 하는지 분주해 보인다
여전한 모습은 달무리처럼 환하다
종일 꽃잎 같은 눈빛으로 까치발 서성이다 해질녘이 되었다
그 사람이 일을 끝낼 채비를 한다 이젠 만나볼 수 있겠구나
시간아 제발, 느리게 느리게 지나가 주렴
이윽고 그 사람이 내게로 성큼성큼 걸어온다
가슴이 벅차올라 숨 쉬는 게 힘들다
설마, 꿈꾸는 건 아니겠지?
나도 그에게 달려가고 싶은데 발을 꼼짝할 수 없다
나에게 가까이 다가설수록
그 사람 미소가 물안개처럼 하얗게 출렁이다 사라져 간다

목련나무 아래 깜빡 졸다 눈을 뜬다
목련꽃 봉오리가 뭉게구름같이 하얗다

석회 물로 샤워하는 네 바퀴 친구

오늘도 구제역 소독구간을 스친다

우웩! 또 석회물이다

건너 마을 비탈진 골짜기엔

뜨건 눈물 남겨두고

어미 소도 젖먹이 송아지도

여물통 버려둔 지 아득한데

정작, 온갖 검은 일 다 저지른

빛바랜 인간들 소독은 내팽개치고

발이 된 유일한 고마운 친구에게

철판 옷 입은 죄로

석회 물 샤워시키고 있네

돌꽃의 화음
—석화

툭 툭 딱 딱 딱
꽃샘바람 등에 업고
한 남자가 돌꽃을 캐고 있다
갯벌에 앉은 등허리에
다닥다닥 엉켜 붙은
돌꽃의 우주

남자는 이내 작은 섬이 되고
발갛게 얼어붙은 손끝에
뽀얀 돌꽃의 속살이 빛난다
향기롭고 그윽한 꽃이여
한입 가득 평화롭다
아내의 눈웃음이 목젖을 건든다

딱 딱 딱 툭툭
한 남자가 차박차박 돌꽃을 담는다
저녁 밥상에 출렁거릴 작은 바다를

제3부

저, 사랑한 만큼 고양이도 사랑해줘요

쥐덫 끈끈이를 마당가에 놓아두었다
철모르고 뛰놀던 콩쥐 같은 고양이
끈끈이 덫에 쥐 대신 사로잡혔다

학교에서 돌아온 아홉 살 딸아이
눈이 퉁퉁 붓도록 울었다
파리약 뿌려 엉킨 털을 닦아내고 씻었다

세월이 흘러 어른이 된 딸
아파트 주변에 굶주린 고양이들 불러 모아
밥 먹이고 병든 고양이 치료해주고
고양이의 전령사가 되었다

지금은 고양이 용품을 취급하는 사이트에
캣츠나라 성을 쌓아가는 속 깊은 딸
고양이에겐 엄마 되어 사랑을 퍼주는 딸

엄마, 저 사랑한 만큼 고양이도 사랑해줘요

우물 냉장고

어둠이 납작하게 엎드린 초여름 저녁
두레밥상에 펼쳐놓은 성근 보리밥 만찬
아버지의 술안주는 된장에 풋고추와 생마늘이다
어스름 달빛 같은 소반들과 아버지의 애인 같은 막걸리는
플라스틱 병에 은밀하게 담겨져 뒷마당 우물에 둥둥거리다
해가 저물면 도르래를 타고 올라 아버지와 입을 맞춘다

마당 한비짝 몸집이 단단한 돌 절구통에는
설익어 불긋거린 풋고추와 서그렁한 보리밥이
표정 없는 확독에서 으깨지고 부서지며
눈물이 쏙 빠지게 손끝 아린 칠월의 열무김치
맨드라미처럼 붉디붉은 가슴앓이고 그리움이다

매끈하게 살이 오른 열무 잎사귀와 얼갈이배추는
통증처럼 얼얼한 양념의 희열을 간절히 끌어안은 채
온도계 없는 우물 냉장고에 뒤엉킨 열정으로 안식을 하고
게미지게 익어 다 비워낼 때까지 어두운 바닥을 읽으며
열둘 목숨이 달려오면 여물통처럼 넉넉한 두레박은

하루에도 몇 번씩 오르내린 외줄타기 곡예를 한다

수십 번의 여름이 다녀가고 목 쉰 매미 울음 익어 가면
달집 내려앉은 장독대 우물 냉장고가 생각나고
의붓엄마 따라가다 소낙비처럼 뜨겁게 회초리 맞던
웃음소리 샘물처럼 그렁거린 까까머리 정욱이의
그 살구빛 손등을 꿈처럼 만지고 싶다

목련이 질 때 주꾸미는 쌀밥이 된다

마량항 떡보횟집 앞마당에
봉긋봉긋 흐드러지게 핀 목련꽃 봉오리가 주꾸미 같다
"자네 주꾸미 묵고 싶었는디, 못 묵고 해 넹게 부렀다고 지난봄 맨날 해쌌터니만 얼른 옴막* 다 묵으소!"
아버지는 막 데쳐 담겨져 나온 포동포동한 주꾸미 접시를
엄마 앞에 밀어놓으신다
몽실거린 쌀밥 같은 소담한 주꾸미 알이 목련꽃을 닮았다

아홉 자식들에게 거미줄 같은 한생, 다 뽑아 풀어주고
같은 자리 덩그러니 이젠, 헐렁한 마른 거미집이 되었다
"어째 오늘은 뭔 틈이 났었다냐?"
전화기 속 엄마 목소리가 높은음자리다
"틈 없어도 아부지랑 어메 바람 쐬드릴라고 그라제, 얼릉 옷 따땃하게 챙겨 입고 계시쇼! 금방 모시러 갈랑께"

강진만 가우도 출렁다리를 돌아 마량항 횟집에서
아버지는 목련꽃 한 접시를 엄마 앞에만
마냥 밀쳐놓으신 거였다

---

*옴막: 몽땅이나 모두라는 전라도 사투리.

어머니의 쌀밥

내 나이 서른일곱 청청한 각시 소리 들을 때
머시 그리도 간절허고 급해서
저 시상으로 먼저 떠났능가 모르것다
젊디젊은 느그 시애비 먼저 보내놓고
눈구멍 꺼먼 어린 새끼들 밥 안 굶길라고
잔솔가지 한 짐 머리에 이고 옹구장골 깔끄막을
하루에도 수십 번 미끄럼 탔다

사립문 들어서믄 느그 할매 매운 시집살이
며느리 밥은 밥그릇 시울도 안 차게 담아놓고……
내 젊은 시상은 배부른 참 언제 있어봤다냐!
잔솔나뭇짐 해 나르다 잔뜩 배고플 때는
마포 치매끈 질끈 동여매고
뒷등 때갱이밭 애먼 풋보리 꼬실라서 허기 때웠다

잔설처럼 소복하게 봉긋거린 이팝꽃 쳐다보시고
고봉 쌀밥 한 그릇 배불리 먹은 것 같다시며
아흔아홉 누운 꽃잎 같은 시어머니!

느림의 미학

띠리링 새벽 전화벨이 울릴 땐
다반사 시골집 친정엄마 전화이다
날마다 학교는 잘 댕기고 있다냐
광주까장 가깐 디도 아닐 꺼인디
한사코 운전 조심허고 천천히 댕게라
걱정 마쇼! 뭔 일은 없으신 거재?

화르르 봄꽃 같은 아침을 열면
사뿐거리지 못한
엇박자 탁한 발걸음이 무겁다
새 학기가 시작된 처음 몇 주간은
새벽잠을 무한정 헐어낸
내가 선택한 시지프스의 행복한 징벌이다

고속도로 진입을 벗어나
광목간 도로를 얌전히 질주한다
하루 끼니 같은 돈 꿀꺽 삼켜대는
푸른 지폐가 눈앞에서 뼈를 세운다

은근히 노려보는 속도계가 메두사의 눈 같다

풋사과 향 질펀한 강의실 문을 열고
흘러내린 다크서클 슬쩍 담아 올리며
계면스런 눈빛은 배낭 안에 구겨 넣고
유효기한 실종된 낫낫해진 몸짓은
발효된 언어로 상차림을 시작한다

아부지를 닮았는갑네

오월은 참 좋은 애인 같은 계절이다

그저께 시골집에 들렀더니 아버님이

"울 큰딸 바람 쐬러 나가끄나? 기름값 줄 터이니 어디 안 가본 곳 없것냐?" 하신다

"오메! 친구들 태고 다님서도 기름값 안 받는디 아부지 엄마 모시고 기름값 받으것소"

그랴, 허허~ 웃으신다

엄마가 한마디 거드신다

하도 바쁜 너한테 시간 내서 가자고 해싼께

미안헌께 안 그러냐

느그 아부진 뭔 그리도 어디 다니시기를 좋아허끄나

끈떡허믄 복지관에서 놀러도 잘 댕김시러 그러능가 모르것다

"엄마 암짝해도 나도 아부지를 닮았는갑네"

딸 부잣집 딸이 일곱, 아들 둘

아홉 남매를 결코 수월치 않음에도 무탈하게 여우살이 시키고

자책 없이 살도록 조율하신 부모님
가깝게 사는 큰딸이 그래도 만만하고 편한가 보다

화순 안양산 휴양림 둘레길 환산정 물빛이 발길을 묶는다
광주 사는 남동생이 아들도 왔소! 달려온다
부모님 살아계실 때 시간 내드리는 일
참, 쉽고도 어렵다

따뜻한 가족

푸른 우주를 종종걸음 하던 며느리가
며칠째 입원 중이다
삶의 무게에 눌린 날개가 시렸었나보다
병실 한쪽은 세 녀석들 놀이터가 되고
토끼풀처럼 야윈 아들과 며느리
잘해 주지 못한 무력한 엄마는 가슴 메인다
조금은 괜찮아졌다고 통원치료를 하겠다며
열대아가 출랑거린 해질녘
며느리는 거미줄 같은 짐을 꾸린다
아들의 아들들이 즐겨 먹는
잘생긴 간판의 고려삼계탕 집을 찾았다
옹기종기 둘러앉은 밥상에
도란도란 초롱거린 눈빛 섞는다
아, 온 세상의 말 다 지워져 가도
이 말만은 지워지지 않기를
숨 같은 아이들아! 오래오래 사랑하자

가족이 시(詩)가 될 때

지도 밖 섬 속의 섬으로
숨비소리는 파도 등을 타고
탐라의 둥그런 초록 바람은
다섯 살 꿈나무 어깨 위로
맑은 영혼의 날개를 달아준다
오래된 시(詩)도 어깨가 들썩이고
귓불 발간 철모른 시(詩)들도 덩달아
어깨춤을 추며 달린다
섶지코지도 쇠소깍 해변도
만경창파가 펼쳐지는
하늘빛 협재 모래밭에서도
억겁의 바다는 한결같은 침묵이다
용두암 마주보는 오징어잡이 배는
별똥별처럼 흔들리는데
초가을 해질녘 비릿한 해풍 따라
세상에서 가장 맛있는 시(詩)를 낚으러
시작도 끝도 없는 가족이란 바다로
눈물처럼 따뜻한 낚싯대를 띄운다

미역국의 반란

엄마는 당신 생일날이면
뻘물 같은 미역국은 쳐다보기도 싫다 하셨다
가시내 동생만 내리 낳던 방에선
투명하게 날이 선 흰 무명 실타래가 기어 다녔고
윗목 지푸락 더미 위엔 고봉으로 담긴 하얀 쌀밥과
노란 양푼에 비극보다 더 슬픈 미역국이 출렁거렸다

닳고 닳아 짜디짠 국물처럼 홍건한 산고의 습지에서
엄마는 푸르게 살갗을 여미는 반생을 보냈다
열두 달 두 해가 기울면 한 번도 틀린 적 없는
엄마의 배부른 달력에는 검은 씨앗 같은 어두운 미역국이
통증처럼 시리게 끓어올랐다
엄마의 눈물 같은 미역국 냄새는
시집간 내가 첫딸을 낳을 때도 따라왔다

어느 해 춘삼월
딸 부잣집 사립문에 유난히도 통통하게 살이 오른 붉은 고추가

새끼 금줄에 주렁주렁 야무지게 매달렸다

엄마는 미역국을 하루에 열 번도 넘게 가져오라고 하셨다.

---

*유교사상이 짙은 시절 집안에 아기가 태어날 땐 잡귀를 막는다며 대문에 왼쪽으로 새끼줄을 간 금줄을 만들어 세 이레(21일)가 지나도록 쳐두고 식구들 외 다른 사람의 출입을 막았다. 사내아이가 태어나면 숯과 고추 생솔가지를 끼워 매달고, 계집아이면 생솔가지 흰 종이와 숯만 매달았다. 산고가 든 방 윗목에는 지푸락을 깔아놓고 그 위에 밥과 미역국을 차려놓고 산모와 아기의 무탈을 빌었다.

뜨거운 별
—가지 많은 나무

아홉 자식들을 당신은 시방 다 나눠주고 싶으셨다
"느그들 휴가 날짜들이 다 어긋지는구먼 더 큰 태풍이 온다는디 언능 다 따야겄다"
아버지는 초승달도 숨은 검은깨 같은 어둠 속으로
가깝게 사는 우리들을 하나 둘 불러들이셨다
"장날 느그 아부지가 복숭아를 사왔는디 복숭아 맛이 어찌나 좋던지, 삼밭에 씨 한 개 묻어 놨더니 오메! 고것이 저리도 벌쭉한 복숭아낭구가 되블 줄 누가 알았겄냐"

열아홉 살 외아들한테 시집와서 매운 시집살이를 견디어낸
장수처럼 강인했던 오래전 옛 소녀는 옛 소년의 눈빛을 줍는다
"내 살아온 애기를 책으로 다 쓴닥 허믄 목침보다 더 뚜껄 것이다 느그덜 구남매 낳고 킬 때까지 내 속은 묵어도 묵어도 휑하니 달구장태* 속이었어야"
평생을 한 대가의 집안을 조율해 온 엄마의 쌀밥 같은 애기가
쭉쭉 뻗어 무성히 주렁거린 복숭아 나뭇가지 사이로

갓 시집온 새악시 볼같이 발그레 사붓거린다

바람은 벌써 텃밭을 지키는 대추나무를 보듬고
막, 여물이 차오를 깻대와 고추나무까지 휘청이는데
한입, 베어 물면 달작한 물이 강물처럼 넉넉해질 그 맛을
아홉 자식들에게 전부 채워주고 싶어 닳은 세월도 망각하셨을까
복숭아 나뭇가지를 푸르게 타고 오르신다
아버지 하회탈 이마에서 뜨거운 별들이 뚝뚝 떨어진다

---

*달구장태: 마룻장 아래 닭장으로 사용하는 공간.

삼만 원

그리움 하나가 저만치에서 걸어오고 있다
너무 반가워 뛰어가려는데 발이 얼른 움직이질 않는다
조금만 더 가까이…… 그때, 줄기차게 울리는 전화벨 소리
아, 눈부신 눈망울이 사라져 간다

아직 안 일어났다냐? 오메! 양파 이십 키로 한 차대기가 요새 삼만 원 가븐닥 안 허냐 그저께 부녀회장이 공판장에 가서 두 차대기에 오만 팔천 원 받었닥 헌다 이런 줄 아랐쓰믄 쩌참에 니 말 듣고 폴지 말고 쪼깐 더 나둘 것을 그랬써야…… 초타장에 다 포라븐다고 성가시게 한사코 포라고 해싸터니만, 어지께 느그 아부지 젤로 국고 존 놈으로 시 차대기 추래서 담어나써야, 오늘 시간 있껏냐?

가을처럼 익어가는 조율 없는 엄마의 애달픈 노래
몽유병 환자 같은 잠들이 일어나 성큼성큼 걷는다
꿈속으로 다시 들어갈 수 있다면 삼만 원을 열 번 주고라도
아릿한 눈망울, 한 번만 만났으면 좋겠다

오만 원

아버지는 기어이, 해봐야겠다고 고집을 세우셨고
살면 얼마나 더 산다고 어차피 죽으믄, 흙 되야블 것인디
부스럼을 맹그냐고 어머니는 한사코 반대하셨다
순명처럼 지키고 관리한 오랜 집터를 버리고

이젠 당신을 정작 다듬고 보수하겠단 선언
여든을 훌쩍 넘긴 아버지는 기어코 장날 병원을 찾으셨고
당신을 위해 오만 원을 기꺼이 투자하셨다
복지관에서 노래를 곧잘 불러 노소녀들에게 인기 좋은 아버지

한 달 후 시골집 텃밭에서 해맑은 노소년을 만났다
겹겹이 에워싼 고독한 변방의 적병들
터를 잡고 놀던 기미와 주근깨가 이사를 가고
말갛고 뽀오얀 새순들이 여기저기 터를 잡았다
아버지 입가에 오만 원이 봄날처럼 푸르게 벙긋거렸다

내 속에 남자가 산다

여자는 모름지기 다소곳해야 한다고 할머니는 밥 먹듯 타이르셨다 딸만 내리 낳으신 어머니는 정작 우릴 안아주고 얼러주는 자리를 완강한 할머니께 그 몫을 내어 드리고 여름 볕 지친 풀잎처럼 사셨다

내 나이 열아홉 살이 될 무렵 고추 달린 첫 남동생이 생겼고 엄마가 젖 먹이는 시간 외엔 뒤꼭지도 잘생겼단 남동생은 늘 할머니 차지였다 젖 먹이는 시간이면 젖가슴을 내어주며 세상을 다 얻은 것처럼 행복해 하시던 어머니, 말이 없으시고 묵묵한 성품이신 아버지는 망부석처럼 언제나 그 자리만 맴도셨다

아버지가 마을 이장 일을 맡아 하실 때도 난 옆에서 다소곳한 처녀가 아닌 의협심에 불타 있는 4H 회장 완장을 달고 지덕노체 부르짖는 선머슴이었다 비료를 분배하던 날 마을에 욕심 많은 심술보 오빠가 행패를 부릴 때도 내 안의 남자는 여지없이 불의를 넘기지 못하고 작대기를 집어 들어 쫓았다

내 안의 남자는 곧잘 나를 앞세우며 대단하지 않은 꿈을 꿨다 아홉 남매 맏이라는 책임은 어느 날 내게 찾아온 흠모했던 바람도 떠나보냈다 세월이 지나 이젠 낡고 무딘 삐걱거린 심장을 가졌음에도 간간이 내 안의 남자에게 조율을 받는다 할머니의 말씀처럼 조신하고 다소곳한 여인은 간데없고 혼자만의 정의로운 다른 나를 지배하는 꿈을 오늘도 꾼다

아버지도 남자다

일로 닷새장날 아버지는 향수 한 병을 샀다고 하셨다
헉! 왜 진즉에 향수 사드릴 생각을 못했을까
아홉 남매를 두고서 당신을 위해 손수 향수 한 병 사셨다니
저마다 잘 살아간다고 재잘대면서 바쁘단 핑계로 엄살만 부리며
정작 우리 자신에겐 한없는 관용과 배려로
좋다는 화장품 사서 치장하기에 여념이 없었으면서
평생을 텁텁한 흙냄새에 배여 살아가신 아버지
그저 그냥 그렇게 살아가실 거라는
우매한 생각만 했던 나에게 화가 치밀어 올랐다

서랍장 속에 사다놓은 향수를 슬그머니 내보이신다
"워째 향수 냄새가 괜찮냐? 늙은이 냄새 덜 나게 느그 엄마랑 복지관에 노래교실 나갈 때 한 번씩 뿌려볼란다"
인의산 다녀온 날 장터 가셔서 향수 사신다고
납작한 쌈짓돈 털어 겸연쩍어 하며 계산하셨을 아버지
아홉 남매 맏딸로 살아오면서 난, 한번이라도
세상 속의 남자로 생각해본 적 있었을까

당신 못 보면 그리울까

눈뜨면 아침 인사 멍한 눈빛 나누고
옆에 서성거리면 타박하기 여념 없어
간밤에 나눈 사랑 어느새 건너뛴 채
배가 고픈 것인지 말에 허기진 건지
누룽밥도 다 먹어 베들레헴 만든다며
애증인지 관심인지 알다가도 모르겠네
간섭 없는 혼자일 땐 유일한 천국인데
쌓인 분심 딱지 입어 허물기도 귀찮은데
짧은 날도 긴긴 날도 나방처럼 맴돌아
미운 투정 건들거린 무심하고 야속한
안갯길 정마저도
당신 못 보면 그리워질까

모전자전

어느 날 엄마도 아들도 소리가 멀어졌다
엄마 귀청도, 아들 귀청도 똑같이 고장 났다
아들은 벌써 오래전, 서울에서 대학 다닐 무렵부터고
엄마는 흔들리는 세월에 무디어져 고장이 났다
아들은 학업에 열중하느라 방관했을까
엄마는 세상 속 바쁜 언어들 채우려다 그랬을까

둘이 똑같이 나태한 게으름이었겠다
소중한 귀청을 방치해둔 무심한 관리 소홀이었음을,
혼탁해진 엄마의 귓바퀴 속으로
아들의 귓바퀴에도
말간 햇살이 통과하기 시작한다
엄마 귀청이 열렸다
아들 귀청도 환하겠다

제4부

황홀한 속살

꿈이다, 여름을 풀어놓은 초록의 산야
갈매기의 꿈을 좇아가는 소소한 눈빛들
국토서시의 삶을 그린 조태일 시인의 숨소리 들린 듯
푸른 심줄을 타고 흐르는 태안사 맑은 물에 귀를 담그며
후드득 장대비 소리에도 은밀한 안개비 소리에도
걸러내지 못한 조율 없는 함박웃음 소리도
황홀한 운무의 속살을, 지리산자락 섬진강둑에서
은근히 훔쳐보는 운수 대통한 날이다
몸짓을 키우며 부풀어 쏟아지는 소낙비
무장무장 달려오는 붉은 새벽도 다소곳이 밀쳐두고
가끔 어둠의 자식들을 동경하며
곡성 강빛마을 초록이 배어드는 자작나무 숲에서
서로를 느슨하게 묶었다
살다 보면 아주 간간이 밤껍질 같은 가슴이
깃털처럼 부드러워진다는 걸
스무 살같이 터질 듯 설렘이 청보리새처럼
날아오를 수 있다는 걸

붉은 동백, 매창

부안에 가면
맨 먼저 만나고픈 여인이 있다
조선의 여류시인
그녀의 '이화우'를 만나고 싶다
시(詩)를 쓴 남자를 숨처럼 사랑하고
붉은 동백보다 더 짧게 살다 간 여인
봄바람에 만개한 꽃잎을 본다

내 사랑도 한때는 눈부시게 피었으며
한낮의 배꽃처럼 해실거리다
둥글게 한비짝에 비껴 앉았다
그곳 부안에 가면
매창을 애절케 한 유희경을 만나고
거문고 소리에 젖어 절묘한 언어로 화답했을
허균 같은 가인도 만나고 싶다

부안의 오월은 꽃등처럼 따스한데
그곳에 가면

내 기억의 그리움도 어디쯤에서
촛불처럼 맨발처럼 뜨겁게 달려
아슬한 봄빛으로 지날 것이다

잊힌 사람

가끔은 그곳에도
즐겨 마신 곡차 마시며 사나요
두레밥상에 여전히
좋은 사람 숟가락도 챙겨주나요
노란 햇빛과 서늘한 달빛을
구름 속에 나지막이 걸어두나요
지금도 대답 대신 침묵의 문장처럼
골똘하게 웃나요

처음 따라나선 그 섬 끝에서
숨비소리 들으며 살자던 사람
이름 모를 두메산골 비탈에
숯 굽는 사내의 아낙으로 살자던
노래를 산문처럼 부르며
사무친 눈물은 달다고 하던
시처럼 소설처럼 살자던 사람
방랑자로 은밀하게 살자던 사람
남겨둘 몸짓이 밤보다 간절타던

바람의 나라로 가을처럼 떠나간
언젠간 눈감을 때 한번은 기억될
아니, 잊은 척 살다 보면 저절로 잊힐
아주 오래 까마득 잊힌 사람

미술관 헛간 찻집

묻어둔 슬픔이 숨을 쉬면 사이좋은 물길을 찾는다
팽목항을 바라보면 미안한 어둠이 출렁거리고
가끔, 나절로미술관에 가면 눈빛이 말랑해진다
마음이 잘생긴 꽁지머리 선생을 만나면
그냥 기분이 좋아진다
넓은 운동장 한가득 흐드러진 마가렛은
독세기풀 속에서도 철없이 덤벙대는데
쭈그리고 앉아 풀 매는 게 참말, 힘들다더니
풀꽃 반, 마가렛 반이다

'산다네'란 선생의 글처럼 그냥 살아가는 초자연 자화상
황토로 비벼 바른 헛간 찻집 바람벽에 무심코 기댔다가
슬그머니 삐걱거린 나무의자에 얼른 앉았다
부스럼처럼 스멀스멀 떨어져 앉는 미완성 결정체
자칫 어긋났다간 원래처럼 해놓을 재간이 없는데
벽을 트고 책꽂이가 달린 방을 만들어놓았다며
그대들이 첫 개봉박두여! 은근히 귀띔한다

친절한 배려에 선생의 얼굴이 잘생겨 보인다
뜬금없이 찾아가도 한결같이 흔쾌히 반기는
심성 좋은 선생의 유쾌한 달변에 두 귀를 짜 늘인다
삐뚤어진 통유리창 밖으로 여름을 부르는 빗방울이
동글동글 똑같은 박자로 둠벙 속에 빠진다
시낭송은 비처럼 촉촉하게 흔들리고
가난한 하루에 눈빛들은 돌아갈 길을 재촉했지만
아무도 선뜻 일어나질 않았다

동거

후줄근한 작업복에 흙투성이 장화
안간힘 모두어 씨름해가며
오로지 땅에서 진실한 답 얻는다고
구슬땀 훔쳐내며 해맑게 웃는 친구야

힘들 땐 꺼이꺼이 가슴에 묻어둔
뜨거운 눈물샘 비워내 가며
어두워진 뼈마디들 쉬어도 주소
홍역앓이 어질 사랑 단잠 뺏겨도
붉은 새벽이 열리면
또다시 흙길로 질주하는 친구야!

한 번쯤은 혼탁한 세상 속도 들여다보고
삭막한 현실과도 타협해가며
가두어진 자신도 조율해 살아보소
혼란스런 세상에서 길라잡이 돼주고
휴일도 잊은 채 흙의 열기 지켜내는
세상이 선물해준 해님 닮은 친구야

숲의 눈물

산봉우리가 곰을 닮은 웅석산 오지마을
산청자락 황토집 담장 너머
능소화 붉은 눈빛 녹슨 발목 묶는다
마치 생의 서약인 듯
굽이굽이 흐르는 물소리는 휴락을 씻어내며
한 저녁이 한 사흘처럼 더디 갔음 좋겠다
가슴에 휘영청 달 하나 품었다
개울에 빠진 발이 눈물처럼 따뜻하다
심술부린 소낙비가 쏟아진들 어떠랴
낮달 같은 기쁜 친구 웃음소리가 잠든 숲을 깨운다
젖고 흔들리며 천년을 지키는 유장한 숲의 눈물
한 움큼 두 손 모아 묵례하며 마셨다
부딪쳐 깨질수록 깊어진 적막함이 이렇듯 수려할까
꿈같은 하룻밤이 달리는 소리에
배낭 속에 달달한 잠을 꾹꾹 눌러 채우며
주름진 눈망울을 척추처럼 세웠다

목포를 아시나요

육자배기 육두문자가
막걸리처럼 걸쭉한
꿈꾸는 항구 목포를 아시나요
불멸의 생을 서약한
담대한 노적봉은 섬을 만들고
꽃빛 풀어헤쳐 놓은 유달산 일등바위
콩꽃보다 더 푸른
시아바다 바라보며 한잔 술 대작하네

지느러미 비린내가 뜨거운 삼학도
정 많은 사람들이 바다로 회귀하는
어부의 목쉰 목포의 눈물이
노을처럼 선창에서 출렁거려요

국도 일호선이 발을 뻗는 북항엔
잘생긴 간판횟집 세발낙지가
검은 하루 고단함도 재워주는데
고하도를 타고 넘는 목포대교는

가야금 열두 줄을 풀고 있네요

반생을 넘게 살아왔어도
아직도 목포를 다 알지 못합니다
영산강 갯바람이 홍어같이 알싸한
땅끝 종착역
그대는 목포를 다 아시나요?

마량에 가면 방랑자가 된다

가끔
슬픔이 뼈를 드러낼 땐
햇살이 건건한 마량항을 찾는다

사월엔
저두리 가우도 출렁다리 건너
청보리 살구꽃이 해실거리고
푸르게 일어서는 후박나무 등 뒤로
님의 웃음소리 풍경처럼 그윽하다

까막섬엔
만남과 이별들이 수런거리고
질펀한 강진만 구강포 비탈 아래
후두둑 통째로 떨어져 내린
붉은 몸짓이 처연한 동백도 만난다

가끔씩
땅끝 마량에 가면

가슴에 살던 분홍달 하나
봄날을 부풀리며 청자 속에서 떠오른다

은밀한 외도

아릿한 봄빛의 몸짓은 간절했다
집요하게 질척대는 고뿔도 따돌리며 섬진강을 보러 갔다
섬진강 바람 소린 달처럼 휘영청 부풀어 오르는데
땅거미 어슬렁대는 토지마을 논둑 쾡과리 속으로
정월대보름 달집이 붉게 탄다
물빛 밝은 피아골에 봄은 이미 요염한 치장으로 설핏거리고
연곡사 산등성이 고사목 허리에 수정고드름이 아직 대롱거린다
한입 우두둑 베어 문 뜨거운 입맞춤에
거침없는 여인들 원초적 수다가 원색으로 푸르게 녹는다
은밀한 외도를 주도한 바람은 순전한 가슴이 시켰다

서도역엔 혼불만 정차한다

가을 같은 봄이 개찰구에서 희뿌연 승차권을 검열한다
사람들은 무임승차를 고집하며 홀연히 떠나버리고
낡은 대합실 삐걱거린 탁자 위엔 수많은 만남과 이별들이
조약돌을 핑계 삼아 증명사진을 수두룩이 찍어 놨다
잡풀더미에 갇혀 동백보다 더 붉어 탱탱하게 녹슨 철길
묵묵히 버텨낸 신호대를 의지한 채
숭고했던 기적의 뜨거운 입김 봇물처럼 솟구쳐 무한했을
지금 서도역에 가면
각본 없는 혼불이 출발하고 정차하는 손때 묻은 낙서들 합창에
쌀밥 같은 침묵의 공연을 만난다

섬 속의 섬이 산다

청정한 향기를 뿜어내는 섬
장보고의 거센 함성이 들린 듯하여
운 좋은 날 전망대에 올라서면
아득한 추자도 멸치 떼가 달려들고
완도항 뱃전을 물새처럼 넘나들면
섬 속의 섬 청산도를 만난다

느림의 종을 땡그렁 한번 쳐보고
신흥리를 지나 대봉산을 돌아
대성산과 고성산을 훠이훠이 넘어서
읍리고개 마루 보적산을 건너뛰면
구들장 논빼미랑 장기미 해변도
범바위로 말탄바위 아래읍리 앞개까지

구성진 서편제 노랫가락에
초록물 또르륵 찰랑거리는
청보리밭 사잇길을 휘휘 돌아서
봄의 왈츠 세트장에 도청항까지

주황 파랑 슬레이트 지붕에 얽힌
은밀한 이야기가 들썩거리는
동화 같은 섬 청산도

알록달록 풍경화에
더 이상은 개발이 멈췄으면 좋을 섬
온 동네 골목길 바닥이 노랗다
섬 속의 도시 하나 살고 있다
섬 속의 섬이 하나 살고 있다

유달산은 지금, 홍역 중이다

삼학도 파도 등 타고

밀물같이 오셨나요

유달산 기암괴석 다져온 천년 절개

일등바위 탯줄 묶어 줄기차게 지켰소

그런 날, 그리 쉽게 만나려고 했나요

그대 위해 준비한 봄날의 찬가

하늘빛 순종하며 불렀답니다

날 보러 먼 길 달려왔다고

어설픈 투정은 하지 말아요

사철 물바람에 지켜낸 벼랑의 뿌리

까치발 눈빛만 남겨두어요

어민동산 둘레길 꽃섶 그늘 깊으면

열두 달 풀어놓은 달빛 섞어서

몰약처럼 촛불처럼 아껴가겠소

화이트 선상펜션의 발라드

압해도 바다 위로
날아오른 갈매기처럼
날렵한 은빛 먹이들이
아주 천천히 물속에 낙하한다
콩닥이며 다가온 짜릿한 접속은
붉은 입술을 타게 하고
하룻밤 가불해둔 횟감은
욕망을 벗겨내어
젊음을 지향한 숯불에 달궜다
범 무서운 줄 모르고
밤바다 뛈박질한 철없는 물고기 떼
넉넉한 아침을 선물하는데
어부의 아들을 사모한 누이의
은밀한 눈빛이
낭창낭창 바닷물에 퍼덕거렸다

울돌목에 추락하는 새는 없다

온갖 새들이 춤추는
우수영 앞바다는
오늘도 푸른 거북을 보듬는다
홍주에 취한 듯
울돌목 억겁의 시간들은
응축된 역사를 계산하지 않고
천년의 바람을 불러 모은다
장엄했던 그날의 함성은
범람한 눈물을 불러
유유히 출렁거리고
수많은 새들의 가시를 키우며
침묵하는 시인도 불렀다
숭고한 불꽃의 넋으로
길을 만드는 바다
지금, 우리는 목숨처럼 지켜가고
꿈같이 소원해야 하지 않는가

일로 회산 백련방죽

닷새마다 열리는 일로장터 돌아가면
질퍽한 뻘물 속에 여름을 보듬는
흰빛 청초한 백련방죽을 만난다

고요히 넘어져 내려앉은 백련
요염하게 피려다 허리가 휘어도
우아하게 피어오른 의연한 절개
무성한 연잎 아래 뿌리가 깊어간다

전라도 무안 일로라고 애기하면
먼 동네 사람들 고개 갸우뚱하고
연꽃축제 열릴 때면 합창대회 연습하는
왕잠자리 합창단 아버지는 알지 못해도
연꽃축제 들썩거린 일로는 알고 있다

인의산 개울 건너 의산리 소쟁등
품바의 발상지가 전설이 되어버린
작년에 왔던 각설이가

죽지 않고 찾아가는
도란도란 애환들이 하얗게 피고 있다

하우스 합창단

해남 땅끝 원두막골
그곳에 가면, 무공해 시(詩)를 만난다
봇물처럼 터져 목청껏 부르는
여리고 순박한 언어를 만난다
하얀 비닐집 가녀린 오이들
햇살 같은 음률로 단비를 뿌려주면
길쭉한 몸매로 종일토록 유혹하고
탱글탱글 매달린 장밋빛 토마토도
요염한 미소로 달빛 따라 노래한다
지휘자의 굴곡진 하회탈 이마엔
송알송알 땀방울 음표 만들고
소낙비도 바람도 공손해지는
사계절 한여름이 들썩이는 집
지금, 하얀 비닐집 그곳에 가면
지휘자의 풀물 젖은 뜨거운 손짓 따라
수채화로 조율한 합창을 들을 수 있다

해설

詩에 대한 열망과 끊임없는 사랑에 대하여

조기호 시인·아동문학가

"어째 쓰까요?"

한 뭉치의 원고를 보내오며 끙끙 앓듯 건넨 이순애 시인의 말이었다. 망설이고 망설이다 용기를 낸 말이 그렇게 힘들었던 모양이다. 항상 환하고 따뜻한 웃음으로 열심히 살아가면서 특히나 문학에 대한 열정이 대단한 사람, 나는 편안한 마음으로 대할 수 있는 이순애 시인을 좋아하고 존경한다. 하지만 그런 감정과는 별개로 이순애 시인의 시(詩)에 대해 저 같은 사람이 감히 언급하는 일이란 매우 조심스럽고 또한 너무나 버거운 일이라 생각했다. 결국 수차례의 사양을 거듭하다 마침내 두려운 마음으로 이순애 시인의 처녀시집(?)『꽃잠을 들키다』를 먼저 읽게 되었음을 밝히며, 무엇보다 양해를 바라는 것은 다만 이순애 시인의 시가 주는 맑은 시심 안에서 제가 덤으로 누리게 될 마음의 평안과 위안을 핑계 삼았음을 또한 알려드린다.

1. 긍정의 삶, 그 끝없는 도정(道程)

이순애 시인을 만나면 우선 마음이 편안해진다. 왜일까, 그것은 대화의 시종을 일관하는 밝은 웃음 때문이다. 늘 환한 웃음으로 유쾌하게 살아가는 그의 일상 속에서 나는 그가 누리는 삶의 충만이 어디에서 오는지 사뭇 궁금할 때가 있다. 무엇일까, 이순애 시인을 곰곰이 떠올리다가 문득 "사람들은 잎사귀는 두고 꽃의 향기만 좇아갑니다/저는 이제 잎도 꽃도 아닌 낮은 곳에 침묵하는/그늘을 짜는 나무가 되어갑니다/그래서 자꾸만 둥그러집니다"(「꽃과 잎이 둥그러질 때」)라는 말을 되뇌어본다. 둥그러진다는 것은 살을 깎는 일이기도 할 터, 삶의 여정에서 부딪는 모든 것들을 따뜻이 보듬고 살아가려는 당당함과 어떤 것에도 굴함이 없는 자기긍정의 마음이 얼마나 단호한가를 보여주는 장면이다. 어쩌면 그렇게 넉넉하고 거리낌이 없는 순정한 마음이 이순애 시인 스스로를 행복하게 미소 짓게 하는 것인지도 모르는 일이다.

> 교문 앞에는 저마다 격려와 응원으로 사람들은
> 북적대고 난, 조심스레 그 인파 속을 뚫고서
> 고사장을 찾아 뛰었다
> 안내하는 젊은 여선생에게 몇 번 교실이냐고 묻자
> 수험생이세요? 의아스런 표정으로 안내를 한다

조금은 부끄럽고 쑥스러웠지만 작은 목소리로
대답을 던지고 교실에 들어섰다
교실 안엔 어린 십대들의 눈망울이 번뜩였다
오히려 긴장감보다 한결 맘이 여유로웠다
시험 감독관 선생의 시선이 가끔씩 따끔거렸지만
매시간 십여 분 전에 답안지를 작성했다
물론 공식 복잡한 수학문제는 아들 말처럼 찍었다
십대들 속에 섞여서 수능이란 위력 앞에 분투해본
아~ 평생에 한번쯤은 체험해볼 만한
2010년 11월 18일 수능시험에 도전한 날이다

—「수능시험 보던 날」 부분

띠리링 새벽 전화벨이 울릴 땐
다반사 시골집 친정엄마 전화이다
날마다 학교는 잘 댕기고 있다냐
광주까장 가깐디도 아닐 꺼인디
한사코 운전 조심허고 천천히 댕게라
걱정 마쇼! 뭔 일은 없으신 거재?

화르르 봄꽃 같은 아침을 열면
사뿐거리지 못한
엇박자 탁한 발걸음이 무겁다
새 학기가 시작된 처음 몇 주간은

새벽잠을 무한정 헐어낸
내가 선택한 시지프스의 행복한 징벌이다

—「느림의 미학」 부분

이순애 시인은 벌써 이순을 훌쩍 넘긴 나이다. 그럼에도 그의 향학에 대한 열정은 젊은 어느 누구보다도 대단하다. 어린 십대들의 눈망울이 번뜩이는 교실 안에서 수학문제를 찍고(?) 서둘러 답안지를 작성하는 노소녀의 수능시험 모습을 상상해본다. 그러다가 그것도 모자라 이제는 새벽잠을 헐어내며 광주까지 대학을 오가며 시지프스의 행복한 징벌을 만끽하는 늦깎이 문창 학생을 떠올려본다. 감히 함부로 흉내 낼 수 없는 용기며 도전이 아니어서 그만 고개가 수그러질 따름이다. '삶이 길이라면 내게 배움은 끝없는 과정'이라고 씨익 웃던 이순애 시인의 미소가 꽃처럼 향긋하다.

돌아보면 모두 살아가기 위하여 흔들리며 쫓기며 하루하루 황망한 걸음을 재촉하는 사람들이다. 오늘의 그런 세태를 바라보며 이순애 시인은 이웃을 돌볼 수 없는 범속한 욕망을 탓하기보다 서로를 이해하고 인정하며 따뜻한 마음으로 세상과 어깨동무하고 싶어 한다. 하찮고 사소한 아픔도, 가슴 깨어지는 통탄도, 알 수 없는 저마다의 슬픔도 품으면 모두 따뜻해진다는 한없는 긍정의, 아니 끝없는 사랑의 마음을 전해주고 싶은 것이다.

'세월호 여객선 침몰로 별처럼 스러진 푸른 영혼들의 안식을 빌며' 무릎을 꿇은 이순애 시인의 기도는 오로지 용서와 사죄로 일관하고 있다. 죄를 따지기 전에 먼저 제 가슴을 치는 '내 탓이오!'의 통렬한 자기반성이 필요함을 깨닫게 한다.

> 2014년 4월 16일 아침
> 처절한 구조의 손을 잡으려는 통한의 절규!
> 아저씨! 로프를 던져요!
> 포기하면 안 돼요! 우리들 여기 다 있어요!
> …중략…
> 세상 속 검은 비정함이 그 깊은 심해 속에 고귀한 꿈들을 가뒀구나
> 총명한 너희들 판단을 주저앉히고 말았구나
> 미안해! 정말 미안해!
> 너희는 우리의 꿈이며 호흡이었어!
> 어서 일어나 사랑하는 가족들 품으로 꿈같이 오렴
> 온 세상 절규를 지금 듣고 있니!
> 땅 위의 심장 뛰는 소리 함께 나누자꾸나
> 별처럼 고운 귀하고 귀한 숨 같은 우리 아들딸들아!
>
> —「듣고 있니!」 부분

그러나 삶의 어귀에서 조용히 눈을 감고 돌이켜보면 설레

고 푸슷푸슷 했던, 또한 닳은 신발 끝에 매달렸던 봉긋하고 기우뚱거렸던 모든 것들이 얼마나 소중하고 아름다웠던가. 그것이 애달프고 서럽고 힘든 것일지라도 함께 걸을 수 있는 기쁨에 감사할 줄 아는, 그리하여 그 모든 것들이 사랑으로 뜨거워져서 날마다 푸른 꿈이 커다랗게 숲을 이루는 새로운 희망의 계절로 끊임없이 이어지기를 소망하는 것이다.

가을은
가슴에 숨 막힌 그리움을 걸어두게 합니다
연짓빛 스무 살엔 그리움보담
설렘이 먼저 달렸고

불온했던 두 번째 스무 살은
붉은 아궁이에 고단한 땔감이 되어
푸슷푸슷 밥 익어 가는 소리에
안도했습니다

세 번째 스무 살이 된 후에야
뛰던 새벽을 늦추고
닳은 신발 끝을 보았습니다

아득히 봉긋, 거린 기우뚱들이
여물어진 계절 속으로 파닥이며 걸어옵니다

가을은 모두가 사랑 아닌 것이 없습니다

—「가을 소묘」 전문

2. 詩의 길, 그 뜨거운 갈망(渴望)

이순애 시인의 가슴에는 숱한 노래들이 담겨 있는 듯싶다. 어쩌면 잠을 거두고 밤새도록 쏟아놓아도 졸리지 않을 재미있는 이야기들이 숨겨져 있을 것만 같다. 뜨겁게 달아오른 언어들이 죽순처럼 솟아나려는 것을 그러나 이순애 시인은 억누르며 스스로를 다독인다. 조심스럽게 돌아보고 또 살펴보며 그것들이 허무하게 날아오르는 푸념이 되어서는 안 된다는 혹독한 다짐으로 늘 긴장한다.

가끔, 나는 새가 되고 싶다
월식에서 벗어난 달같이 하늘을 푸르게 날고 싶다
만약에 사람이 날개가 돋아 새처럼 날아오르면
세상은 어떻게 바뀌질까
피안의 무게로 더 낮게 추락하는 되돌이표가 될까
물가에도 나뭇가지에도 새들은 쉴 곳을 찾아
경계의 발을 뻗어 외롭고 고독할 땐 몸을 섞는다
고요가 떠다니는 바위처럼 검은 밤
곡선을 이루며 비상하는 뜨거운 노래를 들어봤는가

부러진 상처를 동여주는 잎 넓은 마음을 가져봤는가
오늘도 난, 침묵하는 필력의 새가 되고 싶어
수두룩이 날아오른 가시나무새 슬픈 자유를
지금, 은밀히 키우는 중이다

—「슬픈 자유」 전문

그러나 지금 이순애 시인은 익숙지 않는 몸과 마음을 부딪치며 사랑을 나누는 듯 행복하다. 한 잔의 차를 가운데 두고 은밀히 마주하는 그 형언할 수 없는 설렘에 대하여 이렇게 고백하고 있다.

몸도 마음도 함께 있어야 한다네
몸이 떨어지면 마음도 떠나간다 하네
아직은 사랑하는 일이 익숙하지 않은데
사람들은 부대끼며 사랑하라 하네
따뜻한 눈물은 절벽처럼 차갑게
때로는 슬픔도 기쁨도 거역하면서
뜨거운 침묵으로 동침하라 하네
오늘밤은 한 잔의 은유를 따라주려네
관습의 옷을 홀홀 벗고 다가서려네

—「詩, 당신을 만나는 동안」 전문

얼마나 울었을까, 아니 얼마나 참았을까. 누군가를 위하여 눈물을 흘린다는 것은 나도 모르게 그 누군가가 내 안에 들어와 나를 흔들고 있다는 말일 것이다. 그렇다면 그의 정체가 누구란 말인가. 맨발로 사냥에 나서는, 그리하여 마침내 그를 포박하여 이제 내 것으로 만들기를 바라는(「이제 널 원해!」) 이순애 시인의 결의가 다부지기도 하고 딴은 애틋하기도 한 것이다.

한낮의 풍경을 독식하던 당신 때문에

불면의 밤을 무수히 보듬고 뒹굴었어요

오늘 아침 그윽한 산들바람이

해오라기처럼 겸손한 묵상을 하는군요

젊은 날 추억의 뼈들이 서서히 일어나

반생이 지난 후에 바다를 만났어요

흙먼지 일어나는 길목을 뜨겁게 걸어야

설익은 문장의 용기를 배울까요

아껴둔 불씨를 태우려면 심지를 돋울게요

소나기처럼 달려와 온몸 젖게 하고

속울음 차오른 가을 당신

기어이 맨발로 사냥을 해야겠어요

—「속울음을 사냥하다」 전문

눈매에 잔주름이 가난했을 땐
니 옆에 다가설 용기 없었어
수선화의 의미를 알고 난 후부터
감춰둔 노란 웃음 들킨 것 같아
니 앞에선 벙어리 냉가슴 앓았지
…중략…
그래, 이젠 맨살로 너에게 다가설게
종달새가 되어가는 남편의 어깨가 질척거리고
친구가 뛰어와 양지 뜸 색칠해도
이젠, 전부가 되어버린
나의 은밀하고 온유하고 겸손해진 시(詩)여

—「이젠 널 원해!」 부분

이순애 시인은 때로 열망을 따르지 못하는 더딘 걸음을 책

망하며 가슴앓이를 하기도 하고, '시(詩)에 이르는 길은 없다, 다만 과정이 있을 뿐이다'라는 어느 원로시인의 말을 붙들고 가슴을 쓸어내리기도 한다. 그러나 이순애 시인의 가열찬 의욕은 멈추지 않는다. 시(詩)의 속살들이 찢기고 젖어 너덜거리는 날에도 생소금같이 눈부시게 빛나는 어느 극점에 이르기 위하여 한 잔의 술로 흔들리는 붓끝을 위로하며 아무것에도 얽매이지 않는 자기만의 단단한 언어를 엮기 위해 여전히 혼신을 다하고 있는 것이다.

차마
가슴이 골다공증이라고 말을 못합니다
패이고 데인 상처에 자꾸 앙금이 내려앉습니다
산이 좋아 산을 바라보다가 길을 잃었습니다
강이 좋아 강물을 보려다 물도 잃었습니다
악어들이 입을 쩍쩍 벌리고 달려듭니다
꼬들꼬들 절여진 언어들은
강물의 끝에서 눈을 치켜뜹니다

어느 결에 뿌리 깊은 나무들이
줄기 곧은 잎사귀를 안겨줍니다
찢기고 젖어 너덜거린 시(詩)의 속살들이
생소금같이 눈부십니다
침묵한 열정은 만개한 가을에게

한 잔의 술을 권합니다
대작하는 술잔에 산이 출렁입니다
흔들린 붓끝의 곡선이
빛의 고리를 촘촘히 엮어 갑니다

—「붓끝의 곡선」 전문

이제는 마음대로 떠나갈 수도, 떠나보낼 수도 없게 된 시에 대한 사랑의 고백이 참으로 절절하고 눈물겹다. 아, 누구라 뿌리칠 수 있겠는가. 가히 '운명'이라는 단어만큼 적절하게 비유한 말은 없을 것 같은 이순애 시인의 시(詩)와의 동거가 평생도록 행복하기만을 다만 바랄 따름이다.

비가 오면 왜, 눈물이 날까요

기억하나요 바람 부는 강변에서
함께 나눈 답 없는 얘기들
가슴에 묻어둔 채
사랑이란 이유 만들지 말자던

이별을 예감했나요
지는 별빛 주우며
아픈 사랑 지우기 힘들다는 것을

덧칠한 인연으로 오지 말기를
작별하던 날 당신 두 눈에
그리움 글썽이며 하얗게 보낼
길 위에 한 줄 시(詩)로 남아 있기를

—「아시나요」 전문

3. 모두 다 그리운, 그 순백(純白)의 사랑

이순애 시인은 매우 감성적이다. 아니 그 감성의 에너지는 특별하다. 그것은 아무렇게 흔들리거나 함부로 쏟아내는 즉흥적인 기분이 아니라 오랫동안 마음을 다스려 피워내는 내밀한 감정인 까닭이다. 그래선지 이순애 시인의 시는 남모르게 슬그머니 행간에 숨겨놓은 사랑의 정체에 대하여 자꾸 궁금증을 유발하게 한다. 하지만 캐물어서 무엇하랴. 그냥 지금, 가슴에 그리운 이가 있고 그 누군가 사랑하는 사람이 있다면 더 이상 바라고 욕심 부릴 그 무엇이 있겠는가. 가난이란 사랑을 갖지 못한 이들이 겪는 불행에 다름 아니다. 손을 잡고 어깨를 다독이며 서로를 보듬을 줄 아는 따뜻한 마음 없이 어찌 풍성한 삶을 누릴 수 있을 것인가. 많은 이들과 함께 어울리고 나누기를 좋아하는 이순애 시인의 사랑은, 아니 만나는 모든 사람들에 퍼주기를 좋아하는 그 사랑 때문에 한

참을 뜨거워졌다가 더러는 실망스런 눈빛으로 시들해 있는 모습을 보이는 때도 간혹 있다. 그러나 어찌됐든 이순애 시인 특유의 따뜻한 감성은 자신은 물론 또 다른 누군가의 삶까지도 풍성하게 이끌어주는 특별한 에너지임에 틀림이 없을 것이다.

가을엔
그리워하진 않으렵니다
가을엔
소리 없이
그냥 더 붉어지렵니다

꽃 진 자리에 서면
찬 서리도 웃음처럼 환해서
가슴에 등불 하나 돋을 때까지
말없이 곁이 되어준

차마, 그리워하지 않겠단
붉은 마음을
가을, 당신은 아시는지요

—「말 없는 것들의 위로」 전문

종일 밥을 안 먹어도 배고프지 않은 적 있었나요

기다림 하나만으로 깃털같이 날아오른
어처구니없는 상상을 해보셨나요
바닥 깊은 항아리 뽀글뽀글 동그라미 동동 띄운 막걸리
처럼
걸쭉한 목소리가 봄밤을 흔듭니다
인연의 끈을 짜 늘이지 못한 미련한 천사를 보았습니다
아직, 설렘이 남아 있다니요
혹시 가난한 젊음이 미안해 도요새처럼 눈빛이 냉정해
낯익은 골목을 벗어났다 해도
붉어진 심장을 기만하진 않으렵니다
봄비처럼 초연히 찾아온 은밀한 웃음소리에
기쁜 귀머거리가 되겠습니다
불나방처럼 뜨거운 눈빛에 기꺼운 촛농으로 남을 거예요
아직은 그저, 설레고 싶습니다
그러면 안 되나요?

—「아직, 설렘이 남아 있었나요」 전문

그리움이란 아무도 모르게 홀로 간직하는 것으로 그 신비로움과 설렘의 감정을 배가(倍加)시키는 것이 아닐까. 사랑하는 이들이 사람의 눈을 피하여 한적한 장소나 은밀한 곳을 찾는 까닭이 그것일 터이니 말이다. 나만이 아는, 나만이 가질 수 있는 그리움이야말로 더 이상 스릴(?) 넘치는 행복이 아닐 수 없을 것이다. 그러나 그런 사랑의 행각들이 누군가에 의해 깨어져버리는 순간 그 모든 기쁨은 삽시에 물거품이 되어버린다. 그 안타까운 기억 하나를 들추며 이순애 시인은 혼자서 실소(失笑)를 한다. 못난이 인형처럼 입을 크게 벌리며 나른하고 행복한 눈웃음을 짓는 것이다.

진한 에스프레소를 앵도라진 찻잔에 담아
탁자에 다소곳이 갖다 놓았다
책들이 많은 걸 보니 북카페인가요?
시화도 걸려 있고, 작가이신가 봐요
아, 네…… 그냥 글쓰기를 좋아해서요,
목소리가 라일락 향처럼 동글동글 퍼진다
은백의 머리카락을 풍성히 달고 있는 남자는
중후한 표정으로 핑퐁처럼 얘길 던진다
처음 본 얼굴인데 왠지 낯설지 않는 눈빛이다
이윽고 난, 한껏 우아한 자태로 그의 은근한
눈길을 받으며 맞은편 의자를 끌어당겼다
나긋나긋한 음률이 아이스크림처럼 녹아 흐르고
어느새 유연해진 나의 골반은 사뿐 뛰어올라
발뒤꿈치를 들어 올려 왈츠를 춘다
갑자기 음악이 숨 가쁘게 돌아간다
'할머니, 할머니! 천 원짜리 아이스크림 한 개 주세요!'
희번득 눈을 떴다
초등학교 삼사학년쯤 돼 보이는 두 녀석이

불손한 내 춘몽을 여지없이 박살낸다
계산대 뮤직 박스에선 '버스커 버스커'가
한여름 소낙비처럼 웡웡 쏟아지고
창가에 못난이 인형이 하마 같은 입을
더 크게 벌리며 깔깔 웃고 있다

—「꽃잠을 들키다」 전문

누구를 탓하랴. 넌지시 초등학생들을 핑계 삼아 내 안의 그리움을 감추려 하였지만 누르면 누를수록 부풀어 오르는 그것을 도대체 어떻게 해야 하는 것일까. 하지만 안타까운 것은 왜 나만이 이렇게 가슴 쿵쿵 거리는 아픔(?)을 인내해야 하는지…, 그러나 저러나 아무튼 그에게로 달려가는 발걸음을 막을 수가 없다. 길목 여기저기서 오래도록 기다리다 그러다가 이윽고 목련꽃 나무 아래서 드디어 그를 만나는 것이다.

플랫폼 한비짝에 순간 그 사람 모습이 사람들 속에 비쳤다
너무 반가워 그에게 가고 싶은데 발걸음이 움직이질 않고
먼발치에서 그 사람도 무슨 일을 하는지 분주해 보인다
여전한 모습은 달무리처럼 환하다
종일 꽃잎 같은 눈빛으로 까치발 서성이다 해질녘이 되었다

그 사람이 일을 끝낼 채비를 한다 이젠 만나볼 수 있겠구나
시간아 제발, 느리게 느리게 지나가 주렴
이윽고 그 사람이 내게로 성큼성큼 걸어온다
가슴이 벅차올라 숨 쉬는 게 힘들다
설마, 꿈꾸는 건 아니겠지?
나도 그에게 달려가고 싶은데 발을 꼼짝할 수 없다
나에게 가까이 다가설수록
그 사람 미소가 물안개처럼 하얗게 출렁이다 사라져 간다

목련나무 아래 깜빡 졸다 눈을 뜬다
목련꽃 봉오리가 뭉게구름같이 하얗다
—「찰나의 백 미터 전—목련꽃 아래서 깜빡 졸다」 전문

이순애 시인의 꿈은 그렇듯 늘 뜨겁다. 그러나 그러한 꿈이 부디 화려한 채색의 풍경이 아닌 고요하고 으늑한 정적의 그늘을 품은 어떤 평온한 무엇이 되기를 바라는 것은 차마 아무에게도 짐 지우지 않으려는 사랑에 대한 배려다. 한 송이 풀꽃 같은, 그리고 풀꽃 위에 내려앉는 따스한 햇살과도 같은 그런 순백(純白)한 사랑이 부디 잘 이루어지기를(너무 쉽게 이루어져서 금방 허물어지지 않게) 조용히 기대하고 바랄 따름이다.

청정한 오월의 산야는

초야를 기다리는 아낙이 되고

가뭇없이 해실거린 숲의 향기는
본능을 떠난 한 폭의 수채화

불현듯 난,
파스텔 톤으로 단장을 하고

눈물처럼 주렁거린 아카시아꽃
하얀 꽃등 아래 서 있네

초록을 풀어놓은 몽환의 풍경 너머
풀꽃 향 입맞춤이 그때처럼 다가선다

아! 은밀한 뜨거움이다

—「몽환의 숲」 전문

4. 내 속에 사는 남자, 그 아버지를 닮은

우리가 세상에 태어나면서 처음 맺는 관계가 있다면 그것은 가족과의 만남일 것이다. 그것은 내가 선택해서 얻어지는 일이 아니라 타의(?)에 의해서 운명적으로 받아들여야 하는 것이라서 다소간의 불만은 감수하여야 하는 것이다. 그러나 시골집 아홉 남매의 맏딸로 태어난 이순애 시인의 기억은 늘 힘들고 고단했던 추억들을 지우지 못한다. 오로지 먹고 살기 위해서는 땅과 몸과 힘이 자산의 전부가 되었을 그 무렵, 아버지와 함께 또 한 사람의 가장으로 살림을 꾸려가야 하는 일이란 당연히 요구되는 맏딸의 역할이었을 것이다. 게다가 바라는 고추(?)가 되지 못했던 까닭으로 은근히 천덕꾸러기처럼 지내야 했던 하루하루는 결국 아버지를 따라 힘으로 일구어야 하는 거칠고 투박한 남자들의 영토까지 활동영역을 넓혀 나가야 했을 것이다. 남들 아무도 모르는 세월을 딛고 스물스물 한 남자가 가슴속에서 자리를 잡아가고 있었을 즈음일 게다.

> 내 나이 열아홉 살이 될 무렵 고추 달린 첫 남동생이 생겼고 엄마가 젖 먹이는 시간 외엔 뒤꼭지도 잘생겼단 남동생은 늘 할머니 차지였다 젖 먹이는 시간이면 젖가슴을 내어주며 세상을 다 얻은 것처럼 행복해 하시던 어머니, 말이 없으시고 묵묵한 성품이신 아버지는 망부석처럼 언제나 그 자리만 맴도셨다
>
> 아버지가 마을 이장 일을 맡아 하실 때도 난 옆에서 다소곳한 처녀가 아닌 의협심에 불타 있는 4H 회장 완장을 달고 지덕노체 부르짖는 선머슴이었다 비료를 분배하던

날 마을에 욕심 많은 심술보 오빠가 행패를 부릴 때도 내 안의 남자는 여지없이 불의를 넘기지 못하고 작대기를 집어 들어 쫓았다

내 안의 남자는 곧잘 나를 앞세우며 대단하지 않는 꿈을 꿨다 아홉 남매 맏이라는 책임은 어느 날 내게 찾아온 흠모했던 바람도 떠나보냈다 세월이 지나 이젠 낡고 무딘 삐걱거린 심장을 가졌음에도 간간히 내 안의 남자에게 조율을 받는다 할머니의 말씀처럼 조신하고 다소곳한 여인은 간데없고 혼자만의 정의로운 다른 나를 지배하는 꿈을 오늘도 꾼다

—「내 속에 남자가 산다」 부분

사랑하는 사람을 꼽으라면 여러 가지 멋지고 아름다운 추억을 더듬을 수도 있겠지만 더러는 아픔을 함께 나누었던 사람을 찾기도 할 것이다. 이순애 시인은 힘들고 어려웠던 시절, 그 고비를 함께 넘었던 아버지를 떠올리면서 아마 그런 다정한 모습을 오래도록 가슴에 새겨두고 싶어 하는 듯하다. 세상의 바람 속에서 어느덧 이제는 자꾸만 허리가 휘고 등이 굽어가는 어머니와 아버지에게 어깨동무 같은 친구가 되어주고 싶은 마음이 드는 것은 아마도 함께 익어가는(?) 탓이 아닐는지 모르겠다.

그저께 시골집에 들렀더니 아버님이
울 큰딸 바람 쐬러 나가끄나?
“기름값 줄 터이니 어디 안 가본 곳 없겠냐?” 하신다
“오메! 친구들 태고 다님서도 기름값 안 받는디 아부지 엄마 모시고 기름값 받으것소”
그랴, 허허~ 웃으신다

엄마가 한마디 거드신다
하도 바쁜 너한테 시간 내서 가자고 해싼께
미안헌께 안 그러냐
느그 아부진 뭔 그리도 어디 다니시기를 좋아허끄나
끈떡허믄 복지관에서 놀러도 잘 댕김시러 그러능가 모르것다
“엄마 암짝해도 나도 아부지를 닮았는갑네”

—「아부지를 닮았는갑네」 부분

마량항 떡보횟집 앞마당에
봉긋봉긋 흐드러지게 핀 목련꽃 봉오리가 주꾸미 같다
“자네 주꾸미 묵고 싶었는디, 못 묵고 해 넝게 부렀다고 지난봄 맨날 해쌌터니만 얼른 옴막 다 묵으소!”
아버지는 막 데쳐 담겨져 나온 포동포동한 주꾸미 접시를
엄마 앞에 밀어놓으신다

몽실거린 쌀밥 같은 소담한 주꾸미 알이 목련꽃을 닮았다

—「목련이 질 때 주꾸미는 쌀밥이 된다」 부분

사람의 감정이란 어른 아이 할 것 없이 그리고 할아버지, 할머니를 막론하고 모두 다 똑같을 것이다. 특히나 멋지고 아름답고 예뻐지고 싶은 마음이라면 누구라고 싫다 하겠는가. 그러나 그러한 마음을 불쑥 드러내놓고 일(?)을 도모한다는 것 또한 여간 쉽지 않은 일이기도 할 것이다. 그런데 기어이 아버지가 그런 소박한 고집을 세우신 것이다. 어머니는 한사코 반대하셨지만 이순애 시인은 그 순진한 꿈의 뒤편에 숨어서 은근슬쩍 아버지를 엿보는 즐거움을 누려보는 것이다.

아버지는 기어이, 해봐야겠다고 고집을 세우셨고
살면 얼마나 더 산다고 어차피 죽으믄, 흙 되야블 것인디
부스럼을 맹그냐고 어머니는 한사코 반대하셨다
순명처럼 지키고 관리한 오랜 집터를 버리고

이젠 당신을 정작 다듬고 보수하겠단 선언
여든을 훌쩍 넘긴 아버지는 기어코 장날 병원을 찾으셨고
당신을 위해 오만 원을 기꺼이 투자하셨다
복지관에서 노래를 곧잘 불러 노소녀들에게 인기 좋은

아버지

한 달 후 시골집 텃밭에서 해맑은 노소년을 만났다
겹겹이 에워싼 고독한 변방의 적병들
터를 잡고 놀던 기미와 주근깨가 이사를 가고
말갛고 뽀오얀 새순들이 여기저기 터를 잡았다
아버지 입가에 오만 원이 봄날처럼 푸르게 벙긋거렸다

—「오만 원」 전문

그렇다. 세상의 외로운, 아니 울 장소가 없어서 슬픈 사람처럼 돌이켜 생각해보면 아버지는 왠지 짠하고 불쌍하다는 생각이 드는 것이다. 불현듯 아버지에 대한 회한으로 가슴이 뭉클해지는 것이다. 아홉 남매를 등에 업고 걸어온 길과 세월과 수없이 맞부딪쳤을 바람의 갈기들…, 그리고 가파른 세월을 따라 차츰차츰 뭉그러졌을 아버지의 발과 손과 육신을 눈을 감고 어루만져 보는 것이다. 안타깝게도 흙냄새뿐이다. 그러니 아버지도 얼마나 털어내고 싶었을까, 벗겨내고 싶었을까. 가진 것 모두 아낌없이 나누어주고 이제는 빈 몸을 여미며 쓸쓸히 저물어가는 '늙은이 냄새'를 말이다.

일로 닷새장날 아버지는 향수 한 병을 샀다고 하셨다
헉! 왜 진즉에 향수 사드릴 생각을 못했을까
아홉 남매를 두고서 당신을 위해 손수 향수 한 병 사셨

다니
저마다 잘 살아간다고 재잘대면서 바쁘단 핑계로 엄살만 부리며
정작 우리 자신에겐 한없는 관용과 배려로
좋다는 화장품 사서 치장하기에 여념이 없었으면서
평생을 텁텁한 흙냄새에 배여 살아가신 아버지
그저 그냥 그렇게 살아가실 거라는
우매한 생각만 했던 나에게 화가 치밀어 올랐다

서랍장 속에 사다놓은 향수를 슬그머니 내보이신다
"워째 향수 냄새가 괜찮냐? 늙은이 냄새 덜 나게 느그 엄마랑 복지관에 노래교실 나갈 때 한 번씩 뿌려볼란다"
인의산 다녀온 날 장터 가셔서 향수 사신다고
납작한 쌈짓돈 털어 겸연쩍어 하며 계산하셨을 아버지
아홉 남매 맏딸로 살아오면서 난, 한번이라도
세상 속의 남자로 생각해본 적 있었을까

—「아버지도 남자다」 전문

이순애 시인의 가족사랑은 이처럼 지극하다. '지도 밖의 섬으로 세상에서 가장 맛있는 詩를 낚으러 시작도 끝도 없는 가족이란 바다로' 떠나는 시의 여행이 가족들과 함께 늘 행복하기를 바라는 마음이다.

5. 꽃잠 속의 꿈, 그 한 줄의 시를 위하여

이순애 시인은 따뜻한 사람이다. 그래서 그런지 시(詩)가 때로는 길다. 해주어야 할(보듬어줄) 말이, 또는 들어주어야 할 말이 많은 것이다. 그것은 필경 상대를 위한 배려일 것이다. 결코 누구든 그냥 지나쳐 보내지 않으려는, 그래서 오래오래 이야기를 함께 나누고자 하는 이순애 시인의 마음에는 그토록 많은 정이 담겨져 있는 것이다. 게다가 삶에 대한 긍정적이고 당당한 태도는 시(詩)에 대한 열망을 끊임없이 이끌고 있다. 어디 그뿐인가, 이 땅의 모든 것을 사랑으로 바라보고 껴안으려는 다정하고 섬세한 시안(詩眼)을 생각한다면 앞으로 더욱 그 터를 넓혀갈 이순애 시인의 시(詩)의 숲들은 세상의 외로운 꿈들과 잠 못 드는 바람과 우울한 시간들의 보금자리가 되기에도 충분할 거라고 믿는다, 따스할 테니까.

우린 늘 새로움을 지향합니다
한때 유용하게 옆에 두고 단물나게 지낸 소중했던 기억마저
낡아지면 버립니다
젊음이 풍요하다고 아름다운 향기가 뿜어나진 않습니다
노트르담의 꼽추처럼 모습은 삐뚤거려도 심연의 맑은 영혼이 살아 숨 쉬면
봉오리가 맺히고 향기로 피어납니다

바닥에 떨어진 낡은 햇살을 고요히 받들며 귀를 열어 준 바닥을 봅니다

닳아서 질척거린 신발 끝을 다독입니다

"내 바닥을 밟고 걸어요, 더 이상 상처가 생기지 않아요"

주름진 발자욱에 별이 초롱입니다

겸허히 무욕(無慾)의 등불을 켜며 어둠을 비춰줍니다

바닥은 따뜻한 시선의 하늘입니다

—「바닥에도 하늘이 있습니다」 부분

모든 것은 바닥으로부터 시작한다. 꽃잠에 취해 누웠던 꿈들이 툭툭 바지를 털고 일어나 하늘을 쳐다보고 있다. 가야 할 길, 오늘은 한 걸음을 내딛으며 웃지만 훗날 어느 먼 훗날 마침내 행복한 한 줄의 시(詩)를 붙들고 어쩌면 짐승처럼 뜨겁게 울부짖어도 좋을 그곳을 향하여 또다시 걸음을 내딛어야 할 것이다. 부디 그 걸음에 하느님의 축복이 함께하기를 바라며 이순애 시인의 외삼촌 '양성우' 시인의 축하 말씀(발췌함)에 덧붙여 감히 제 기원(祈願)도 함께 얹는다.

너 혼자만의 눈물겹고 은은한 노랫가락으로

매미처럼 목청 높여 온몸으로 꿈을 노래하고 있다니

너야말로 왕보다 행복한 사람이다.

그러니 혹시 길을 가다가 돌부리에 걸려서 넘어져도 울지 마라

이순애 시인의 첫 시집 『꽃잠을 들키다』 출간을 축하드리며 늘 그 시심(詩心)이 향기롭기를 바란다. 끝으로 나의 이 어설픈 오독(誤讀, 감상)을 부디 해량하시기 바라며 독자 여러분의 꼼꼼한 정독을 감히 권하고 싶다.

이 도서의 국립중앙도서관 출판시도서목록(CIP)은 서지정보유통지원시스템 홈페이지(http://seoji.nl.go.kr)와 국가자료공동목록시스템(http://www.nl.go.kr/kolisnet)에서 이용하실 수 있습니다.(CIP제어번호: CIP2017031394)

문학의전당 시인선 0275

꽃잠을 들키다

초판 1쇄 인쇄 2017년 11월 23일
초판 1쇄 발행 2017년 11월 30일
지은이 이순애
펴낸이 고영
책임편집 서윤후
디자인 헤이존
펴낸곳 문학의전당
출판등록 제2017-000002호
주소 서울시 마포구 마포대로 11길 91, 3층
전화 02-852-1977 팩스 02-852-1978
전자우편 sbpoem@naver.com

ISBN 979-11-5896-351-4 03810

* 이 시집은 2017 전남문화관광재단으로부터 발간비 일부를 지원받아 제작되었습니다.